L'ABBÉ

JEAN-BAPTISTE-FÉLIX GALLIEN

CURÉ DE PACY-SUR-ARMANÇON

NOTICE BIOGRAPHIQUE

PAR

M.-Z. BEAU

CURÉ DOYEN DE SAINT-MAURICE DE SENS

CHANOINE HONORAIRE

SENS

IMPRIMERIE DE CHARLES DUCHEMIN

1889

L'ABBÉ

JEAN-BAPTISTE-FÉLIX GALLIEN

CURÉ DE PACY-SUR-ARMANÇON

Le mercredi 30 octobre, la paroisse de Pacy était en grand deuil. Un convoi funèbre se rendait à l'église, conduit par trente prêtres de tout âge et de tout rang : archiprêtre, doyens et curés, venus de toutes les parties du diocèse. Une députation de jeunes gens et de jeunes filles, un cierge à la main, entourait le cercueil que suivait une nombreuse escorte d'hommes, de femmes et d'enfants. Quel était donc le défunt qui emportait ces unanimes témoignages d'estime et de regrets ? C'était un saint prêtre, un bon pasteur, à qui ses paroissiens étaient redevables de trente-trois années de dévouement. Pour l'édification des fidèles, nous allons, en traits rapides, esquisser son portrait.

Jean-Baptiste-Félix Gallien, curé de Pacy, était originaire d'Aisy. Les deux prénoms qu'il avait reçus à son entrée dans la vie étaient de bon augure : l'un présageait le ministre fidèle du saint baptême ; l'autre, sa récompense, la félicité éternelle. Une pieuse mère, au premier réveil de l'intelligence, avait gravé dans son âme les saints noms de Jésus et de Marie, avec les principes de la foi. Un prêtre zélé, croyant discerner dans la précoce piété de Jean-Baptiste les éléments d'une vocation cléricale, l'envoyait, en 1839, au petit séminaire d'Auxerre pour y achever ses études. Le même jour et pour la même destination, je me rendais à Auxerre, et nous nous rencontrions à Chablis, assis à la même table. Jamais nous n'avons oublié cette providentielle rencontre. C'était le début de nos rapports intimes d'amitié au petit comme au grand séminaire, aussi bien que dans notre ministère paroissial. J'avouerai ici que j'ai toujours remarqué dans l'abbé Gallien, élève du sanctuaire, non pas les brillantes qualités de l'esprit, mais ce qui vaut mieux, l'esprit de foi, un jugement droit, un cœur ouvert et généreux, qui s'est fait de nombreux amis et les a fidèlement gardés.

Ses études de théologie terminées, il passa une année au petit séminaire comme surveillant d'étude, puis il fut appelé au sacerdoce qu'il reçut en 1850. Après quelques jours de vacances, la paroisse de Villemer eut les prémices de son zèle pastoral, qui dut ensuite s'exercer à Saint-Martin-sur-Armançon. Dans ces deux paroisses, il passa sans prendre racine, faisant le bien modestement et sans attirer l'attention. Pour porter des fruits apparents et durables, il faut un plus long stage au ministère paroissial. Ce stage, le dernier de sa carrière sacerdotale, il devait le faire à Pacy-sur-Armançon, où il fut appelé en 1856.

L'abbé Gallien, toujours obéissant à ses supérieurs, s'y rendit avec une certaine appréhension. On lui avait bien dit que cette paroisse avait été autrefois florissante au point de vue religieux. Quinze prêtres avaient été préparés, depuis 1825, au presbytère de Pacy pour le séminaire et pour le sacerdoce ; mais les pieuses traditions s'étaient bien affaiblies depuis l'ouverture des carrières et le percement du tunnel du chemin de fer, qui avait amené dans la paroisse de Pacy une agglomération de six cents ouvriers. L'église n'étant plus guère fréquentée, l'immoralité s'était accrue d'autant plus rapidement que l'éducation religieuse faisait complètement défaut dans la plupart des familles. N'y avait-il pas là de quoi décourager le zèle le plus opiniâtre ? Oui, sans doute, quand le prêtre est isolé ; mais tel ne devait pas être l'abbé Gallien. Son cœur affectueux avait besoin d'un ami dévoué, d'un pieux directeur, et il trouva l'un et l'autre dans M. Chervaux, curé de Vireaux. Ces deux voisins, ayant les mêmes goûts, les mêmes aspirations religieuses, se lièrent bien vite de la plus étroite amitié.

M. Chervaux venait de rebâtir son église, son presbytère et la maison des religieuses ; les efforts des bonnes Sœurs avaient déjà porté leurs fruits. « Que je serais heureux, disait l'abbé Gallien, si je pouvais avoir dans ma paroisse de semblables auxiliaires ! » Ce vœu d'un ami était comme un ordre pour l'abbé Chervaux, qui savait ouvrir sa bourse aussi facilement que son cœur. Mais, hélas ! la bourse s'était vidée dans ses nombreuses constructions. Toutefois, ses aptitudes de *frère quêteur* n'étaient pas à bout d'expédients. Sans plus tarder, avec l'agrément de son archevêque, M. le curé de Vireaux reprenait le cours de ses pérégrinations, confiant sa paroisse à la garde de son vigilant ami.

De son côté, l'abbé Gallien ne restait pas oisif ; il avait recours à toutes les industries du zèle pastoral pour guérir les plaies morales et religieuses de sa paroisse. Les jeunes filles étaient attirées au mois de Marie et aux autres exercices de piété par le chant des cantiques accompagnés de l'harmonium ; la pompe des cérémonies religieuses, qu'il savait rehausser quelquefois en appelant des confrères voisins et même des élèves du sanctuaire, attirait à l'église une nombreuse assistance. Et puis, le temps que lui laissaient la visite des malades et ses catéchismes était consacré à l'instruction de quelques élèves qu'il préparait pour le séminaire, suivant en cela les traditions de ses prédécesseurs. De ce côté aussi, son zèle eut quelque succès : trois de ses élèves sont aujourd'hui dans le saint ministère, et l'un d'eux, l'abbé Paul Gallien, son neveu, est curé de Mailly-la-Ville.

Mais nous anticipons ; revenons à l'œuvre principale du regretté défunt, à la fondation de son école libre. Un jour, son *frère qué-*

teur lui annonçait, du nord de la France, que Dieu avait exaucé leurs communes prières, en suscitant des générosités inattendues, qui allaient permettre de commencer bientôt la construction de l'école de Pacy. Heureux, l'abbé Gallien fit aussitôt l'acquisition d'un emplacement convenable, situé en face de l'église. Puis, les deux amis allèrent ensemble aux carrières, pressèrent les travaux de construction qui furent achevés en deux ans, et bientôt les religieuses de la Providence de Vitteaux furent installées. Mais le plus difficile restait à faire, assurer un capital, un titre de rente destiné à l'entretien des Sœurs. L'abbé Gallien devait, à cet effet, aviser de son côté, et M. Chervaux avait promis de lui venir en aide.

Voilà qu'un jour un exprès arrivait en toute hâte à Argenteuil pour annoncer à M. l'abbé Tranchant et à plusieurs confrères réunis au presbytère, que M. le curé de Vircaux était à toute extrémité, et qu'il réclamait M. le curé de Pacy, son confesseur ordinaire. Nous accourûmes tous ensemble, et nous trouvâmes l'abbé Chervaux en proie aux terribles souffrances du tétanos, survenant un an après un accident de chemin de fer. Quand il eut mis ordre aux affaires de son âme et reçu avec une grande piété les derniers sacrements, l'abbé Chervaux voulut faire quelques modifications à son testament, entrant dans les moindres détails avec une grande lucidité d'esprit, ayant pour chacun de nous une parole affectueuse. A son cher ami l'abbé Gallien, qu'il voyait atterré, il disait : « Ne craignez rien pour l'avenir de votre établissement de Pacy ; vous y transfèrerez l'ouvroir qui n'est plus nécessaire ici, et il vous procurera des ressources largement suffisantes pour l'entretien des Sœurs. » Ce fut donc pour obéir aux dernières volontés de son pieux ami que l'abbé Gallien établit cet ouvroir, qui devait lui apporter au commencement tant de consolations, et à la fin tant de déboires.

Je l'ai visité, cet ouvroir de Pacy, dans ses jours les plus prospères, et j'avoue que je fus émerveillé. A première vue, je me

croyais dans un de ces orphelinats de grandes villes, si bien diri-
gés par les Filles de Saint-Vincent de-Paul, tant l'ordre y était
parfait. De toutes jeunes filles obéissaient à leurs ainées, plus ha-
biles ou plus expérimentées, qui leur traçaient l'ouvrage, sous la
surveillance d'une bonne sœur. Et, de toutes ces capacités diver-
ses, la directrice savait tirer tantôt une chasuble ou une belle
étole pastorale, tantôt une chape et d'autres ornements. Quel pré-
cieux asile de préservation, me disais-je ! Secrètement je l'enviais
pour ma paroisse, sans même songer aux profits matériels qui pou-
vaient en résulter pour les bonnes œuvres. Il paraît que l'abbé
Gallien tira de là non seulement le traitement annuel de ses religieuses, mais encore un capital capable d'assurer leur avenir. Il con-
sistait, provisoirement, en un stock d'ornements confectionnés, mis
en dépôt dans une grande ville de province. L'abbé Gallien se
croyait en toute sécurité à ce sujet, quand un jour arriva la triste
nouvelle de la mort inopinée du dépositaire, dont la gérance dé-
fectueuse ne laissait plus aucune prise à ses revendications.

Cette malheureuse affaire et les mille tracas qu'elle suscita
portèrent un coup mortel à la robuste santé du bon curé de Pacy, et,
sans l'assistance d'un confrère voisin, qui avait pris dans son cœur
et dans sa direction spirituelle la place devenue vacante par la
mort de M. l'abbé Chervaux, il est certain qu'il eût été accablé
sous le fardeau de cette peine morale. Mais ce pieux ami, qui, lui
aussi, avait eu de cruelles épreuves, était toujours là, à l'heure
critique, pour remonter son courage, appelant à son secours une
pensée de foi et de confiance en Dieu. Que de fois je les ai surpris
se promenant silencieux ! Quand les larmes coulaient trop amères,
le Rosaire était là pour les adoucir et en tarir la source.

Cependant, l'abbé Gallien, ayant repris courage et fermé son ouvroir, s'efforçait de reconstituer, par ses économies et le con-
cours de quelques âmes généreuses, le capital perdu. Il se croyait
tout près d'arriver au but, quand, il y a trois ans, le dernier coup
fut porté à sa santé par une maladie qui s'attaque aux plus forts.

6

L'abbé Gallien, voyant sa mort imminente, profita du répit qu'elle
lui laissait pour mettre ordre à ses affaires spirituelles. La chose
n'était pas difficile. La vie de M. le curé de Pacy était celle d'un
bon prêtre, de l'homme de foi qui vit sans cesse en union avec No-
tre-Seigneur. A mesure qu'il voyait la terre lui échapper, il prenait
davantage ses garanties du côté du ciel, par des prières plus fer-
ventes et par de fréquentes visites au Saint-Sacrement. C'est là
que je l'ai plusieurs fois trouvé priant pour ses chers paroissiens,
qu'il n'avait plus la force d'exhorter du haut de la chaire.

Pour que rien ne manquât à sa préparation à la mort, il y a un
an, malgré son état maladif, il voulut suivre une dernière fois les
pieux exercices de la retraite pastorale de Sens, sous la direction
du vénéré supérieur du grand séminaire. Dès lors, il était prêt
pour le grand voyage, et il s'en rapportait à la divine Providence
du soin de son œuvre de prédilection, qu'il confiait d'ailleurs à la
tutelle de son cher neveu, M. le curé de Mailly-la-Ville. Quant
aux intérêts de son âme, il comptait sur les prières et les suffrages
de ses nombreux amis. Leur affluence auprès de son cercueil a
prouvé qu'il n'avait pas trop présumé de leur affectueux dévouement. Ils étaient à son convoi plus de trente prêtres, priant et
pleurant ; et tous, archiprêtre, doyens et curés, alléguaient leur pro-
fonde douleur pour décliner la tâche improvisée d'édifier l'assistance,
en retraçant la vie du défunt. A l'issue de la messe, célébrée
par M. l'abbé Hariot, doyen d'Ancy-le-Franc, M. Beau, doyen de
Saint-Maurice de Sens, à défaut d'une voix plus autorisée, consen-
tit à se faire l'interprète ému des sentiments de ses vénérés
confrères, et à redire la vie et les vertus du bon curé de Pacy.
S'inspirant du premier verset du troisième chapitre du livre de la
Sagesse, que l'Eglise applique aux saints martyrs : « Les insensés
ont cru qu'ils étaient morts ; ils reposent en paix, » M. le doyen de
Saint-Maurice montra ces paroles du texte sacré se réalisant dans
la pieuse vie et la sainte mort de l'abbé Gallien. Sa vie, à lui
aussi, avait eu son martyre, et ce martyre s'est consommé dans la

mort qui est venue lentement et sans voiler ses horreurs, comme pour accroître les mérites du défunt. Puis, au nom du bon pasteur qui semblait parler encore du fond de son cercueil, il adjura ses chers paroissiens de tenir toujours gravés dans leur cœur les conseils et les exemples de celui qui avait été pour eux le ministre de la parole de Dieu et des sacrements, c'est-à-dire, des plus grands bienfaits du Seigneur. C'est ainsi qu'après une pieuse vie et une sainte mort, munis des sacrements, ils pourront aller rejoindre leur pasteur vénéré, qui repose dans la paix du Seigneur. »

Après cette exhortation, l'absoute fut donnée par M. l'abbé Heurley, doyen de Saint-Florentin, et le cortège funèbre prit le chemin du cimetière, situé à près d'un kilomètre, à côté de l'antique chapelle de Saint-Georges. Pendant le trajet, en tête du convoi, les jeunes filles suivaient la bannière de la confrérie ; les cordons du poéle étaient tenus par M. l'archiprêtre de Joigny, M. le doyen de Saint-Florentin, M. le curé de Monéteau et M. le doyen de Saint-Maurice de Sens. Les autres membres du clergé entouraient le cercueil, suivi des hommes, le maire le premier, des femmes et des enfants conduits par leur instituteur et leurs institutrices. Au cimetière, aussi bien qu'à l'église, les larmes de l'assistance ont attesté les sincères regrets de la paroisse reconnaissante.

Z. B.

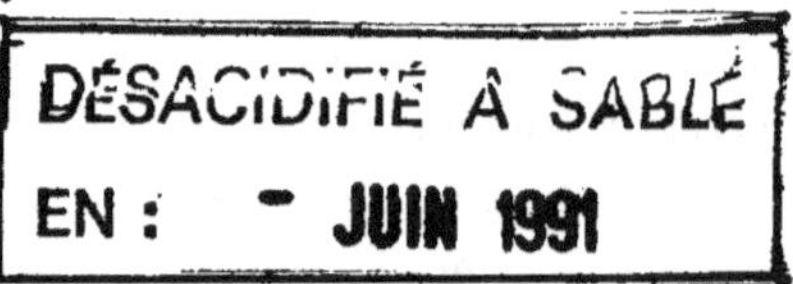

Sens, imp. Duchemin.